APRENDER A ESCRIBIR NUMEROS CON PECES

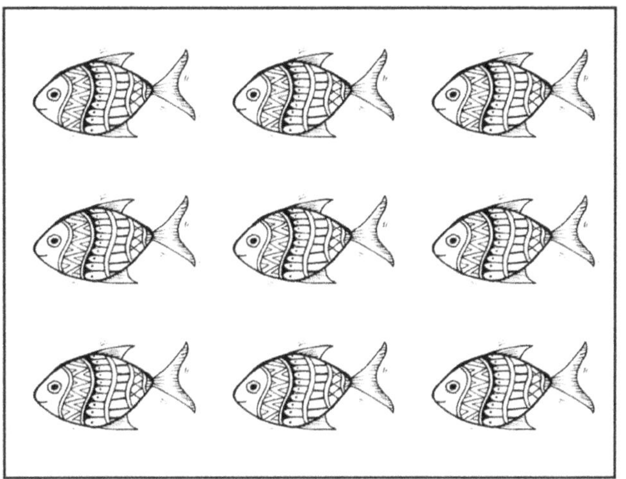

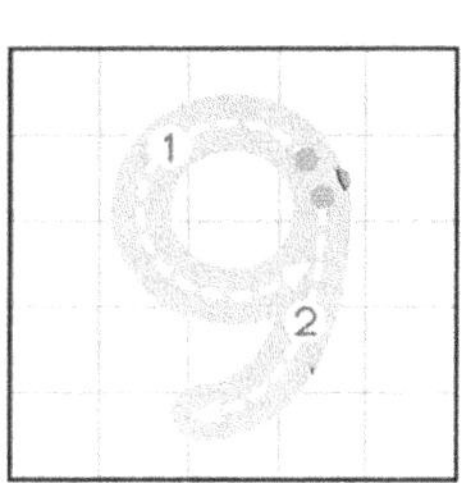

9

PARA NIÑOS EN EDAD PREESCOLAR DE 3 A 5 AÑOS

APRENDIENDO A REPASAR Y TRAZAR

Envia un correo a

journal@books13.com

PARA RECIBIR UN REGALO

****

MI NOMBRE ES:

TRAZAR EL NUMERO

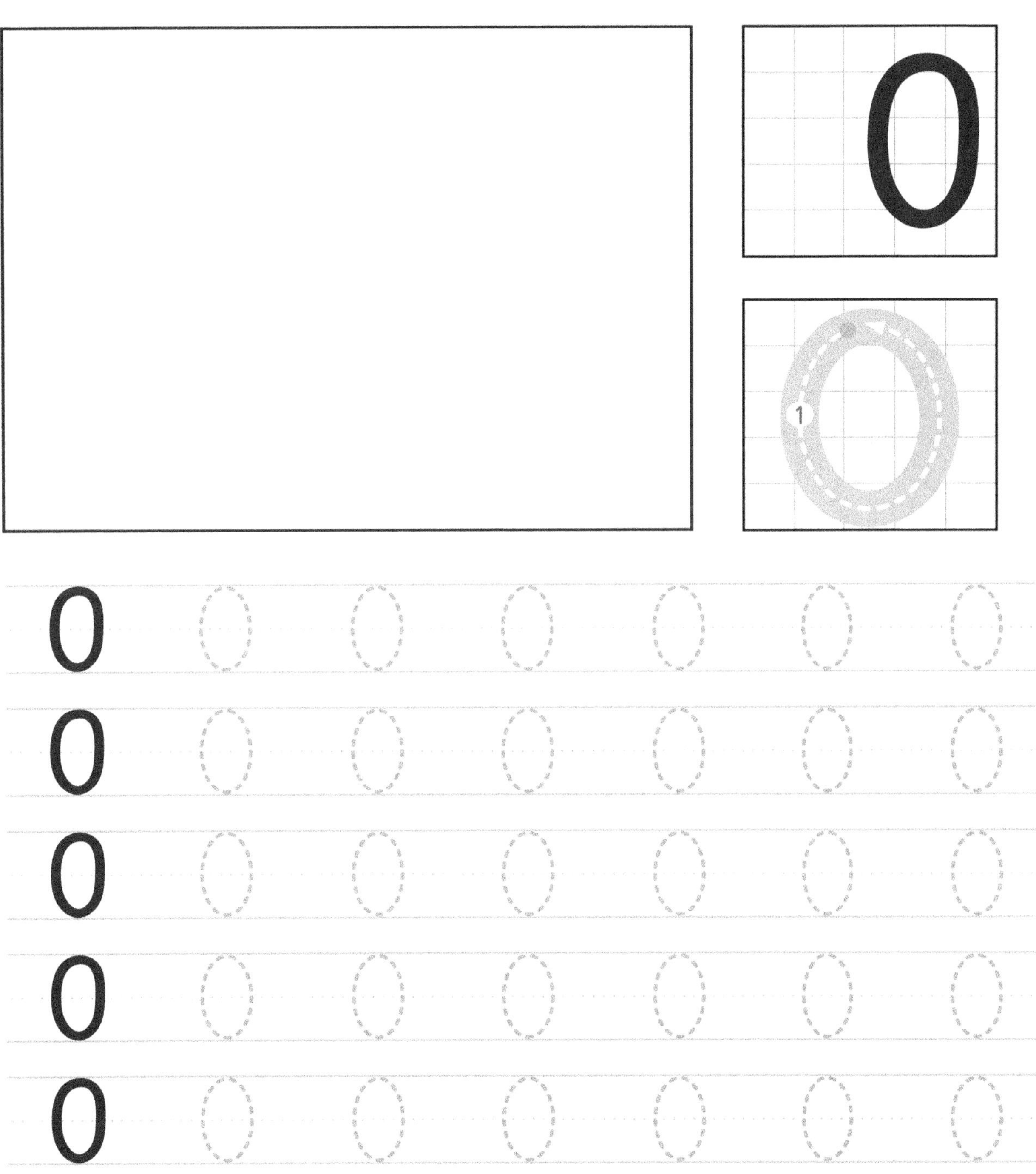

TRAZAR EL NUMERO

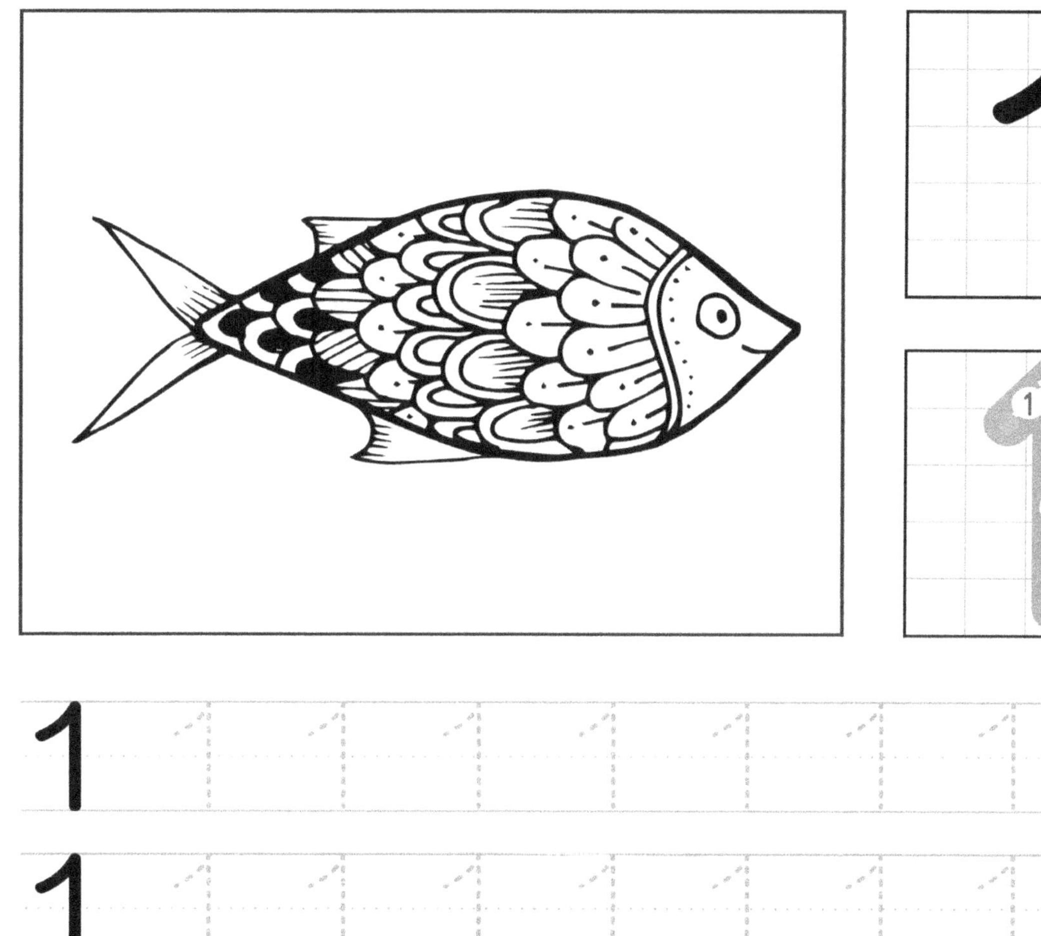

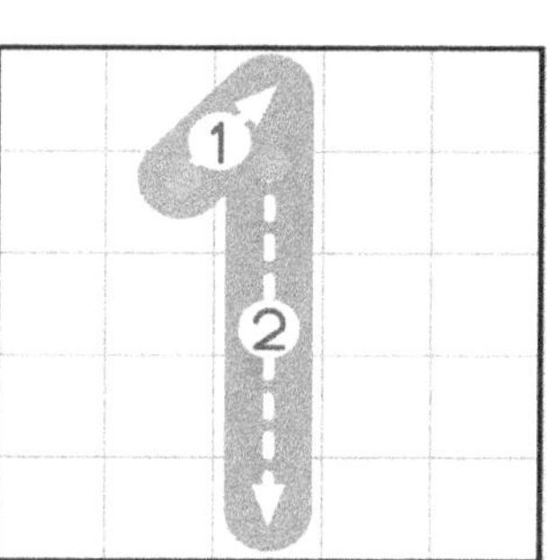

1
1
1
1
1
1
1
1
1
1

1
1
1
1
1
1
1
1
1
1

TRAZAR EL NUMERO

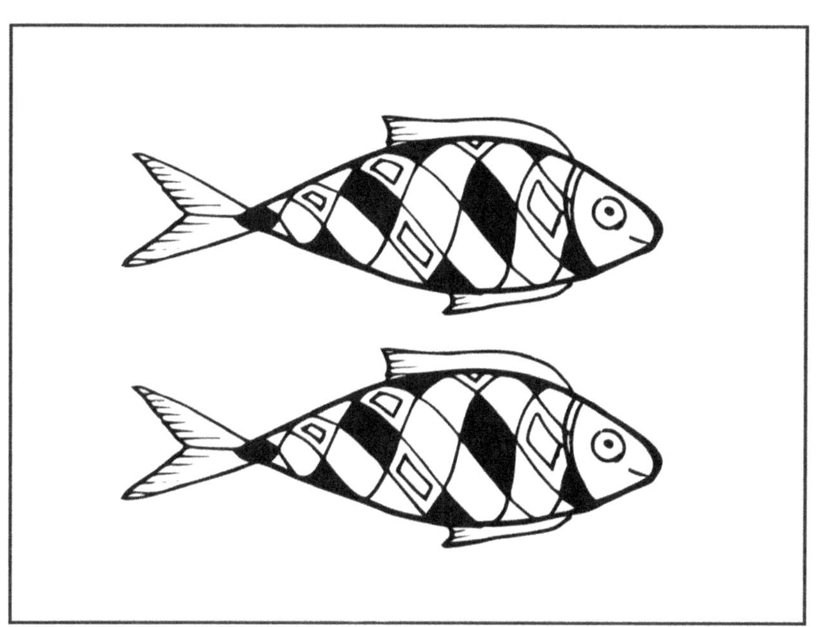

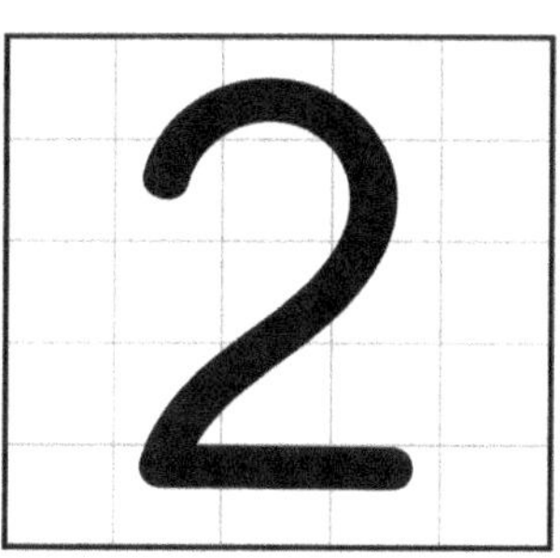

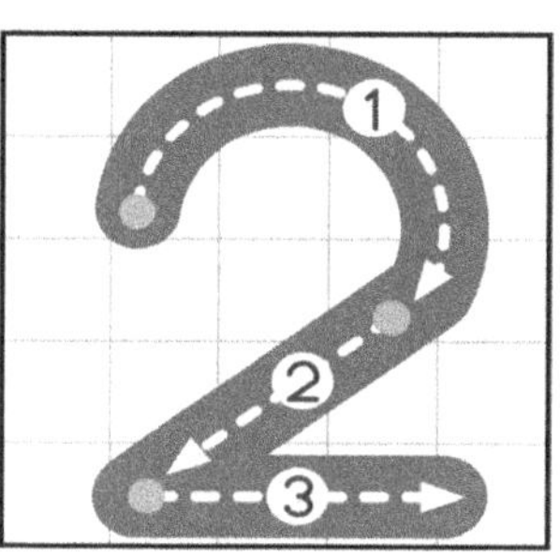

2　2　2　2　2　2　2　2

2　2　2　2　2　2　2　2

2　2　2　2　2　2　2　2

2　2　2　2　2　2　2　2

2　2　2　2　2　2　2　2

2

2

2

2

2

2

2

2

2

2

2
2
2
2
2
2
2
2
2
2

TRAZAR EL NUMERO

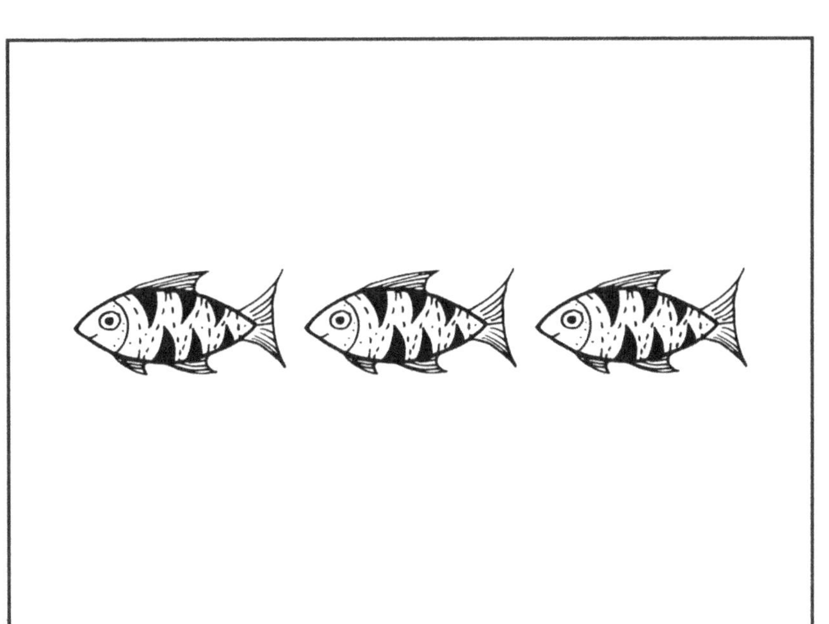

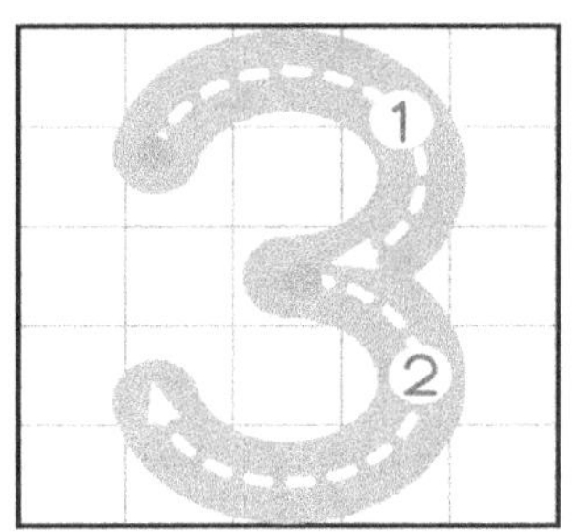

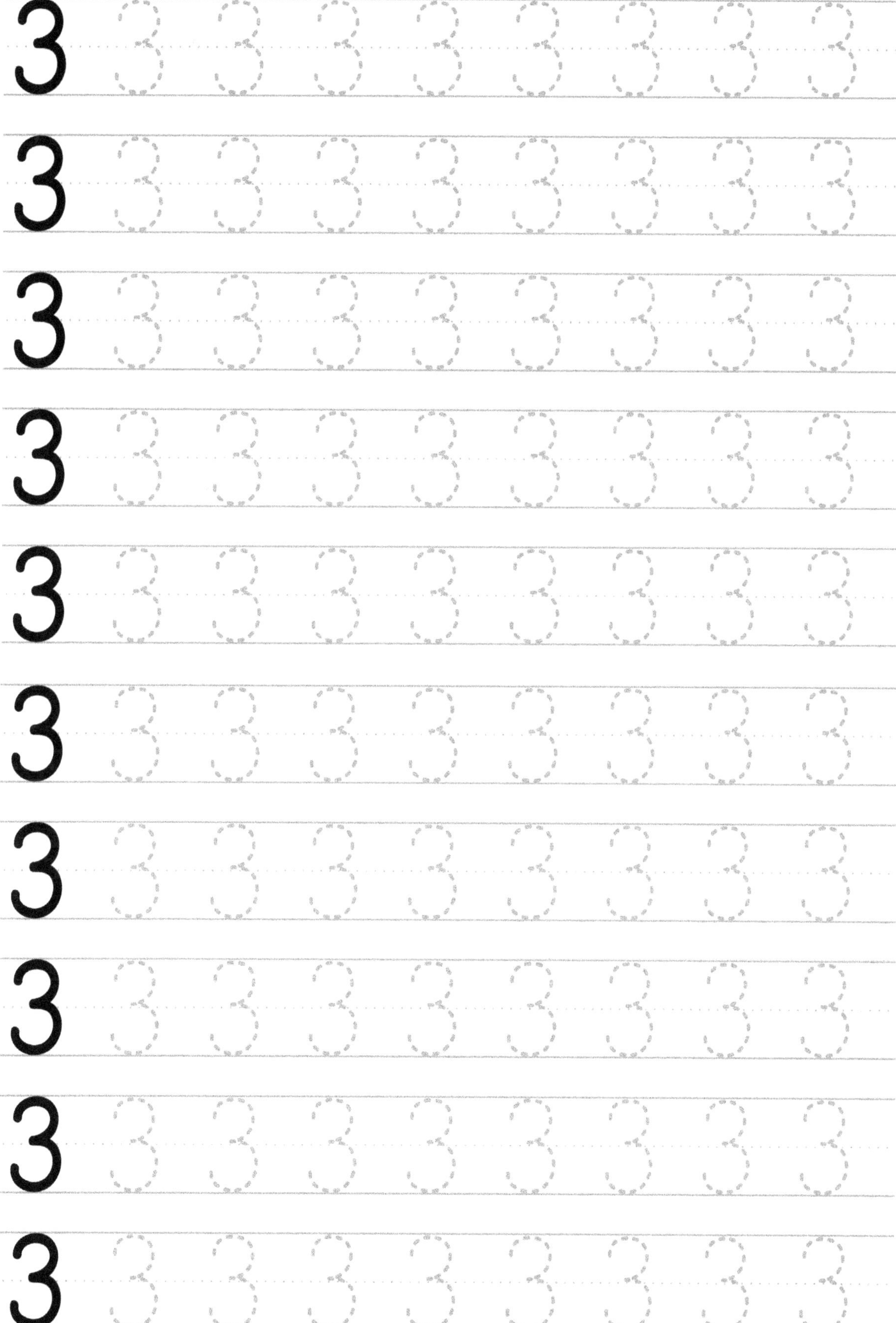

TRAZAR EL NUMERO

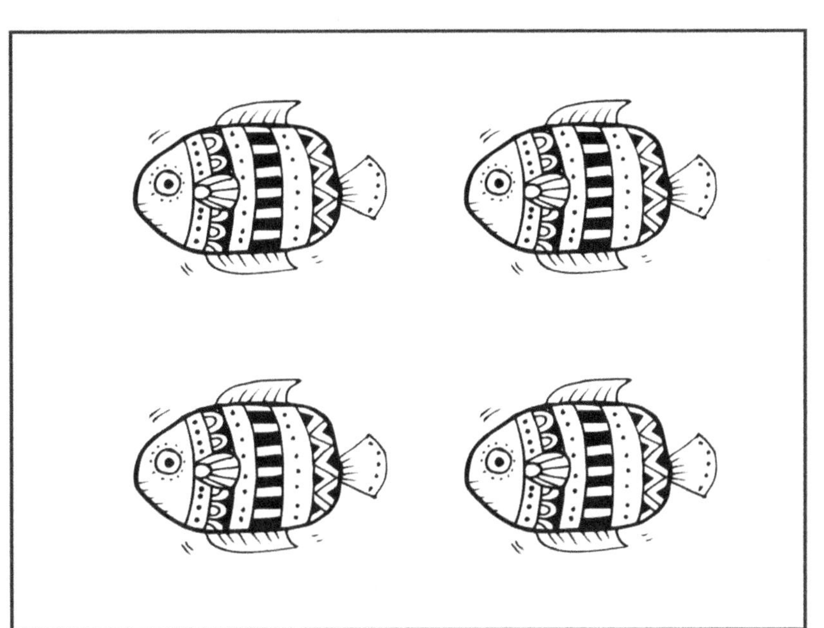

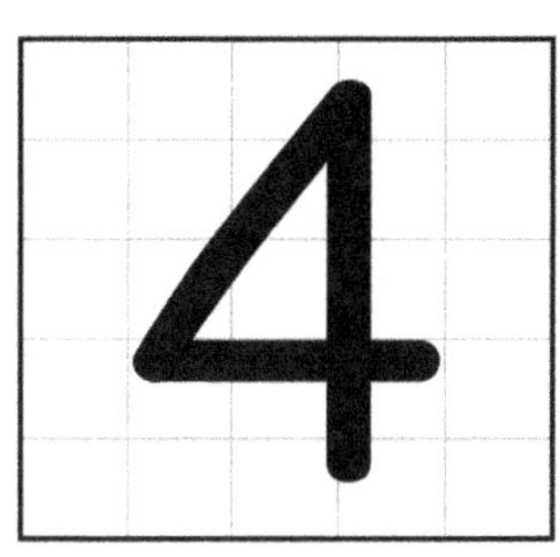

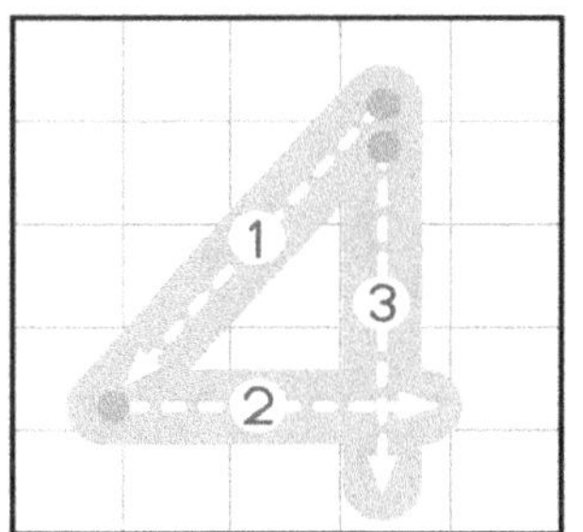

4

4

4

4

4

4

4

4

4

4

4
4
4
4
4
4
4
4
4
4

TRAZAR EL NUMERO

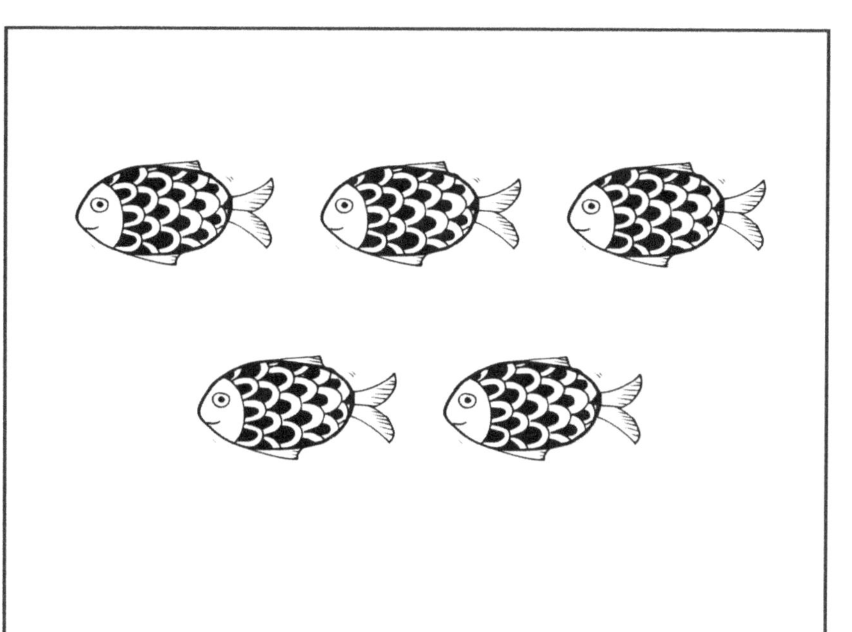

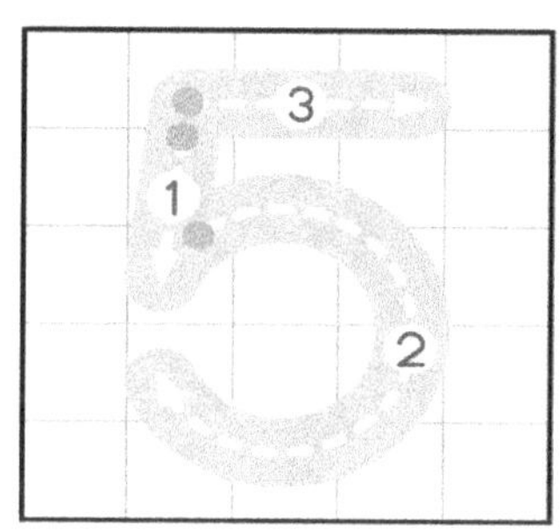

5 5 5 5 5 5 5 5

5 5 5 5 5 5 5 5

5 5 5 5 5 5 5 5

5 5 5 5 5 5 5 5

5 5 5 5 5 5 5 5

5 5 5 5 5 5 5 5

5 5 5 5 5 5 5 5

5 5 5 5 5 5 5 5

5 5 5 5 5 5 5 5

5 5 5 5 5 5 5 5

5 5 5 5 5 5 5

5 5 5 5 5 5 5

5 5 5 5 5 5 5

5 5 5 5 5 5 5

5 5 5 5 5 5 5

5 5 5 5 5 5 5 5

5 5 5 5 5 5 5 5

5 5 5 5 5 5 5 5

5 5 5 5 5 5 5 5

5 5 5 5 5 5 5 5

5 5 5 5 5 5 5 5

5 5 5 5 5 5 5 5

5 5 5 5 5 5 5 5

5 5 5 5 5 5 5 5

5 5 5 5 5 5 5 5

TRAZAR EL NUMERO

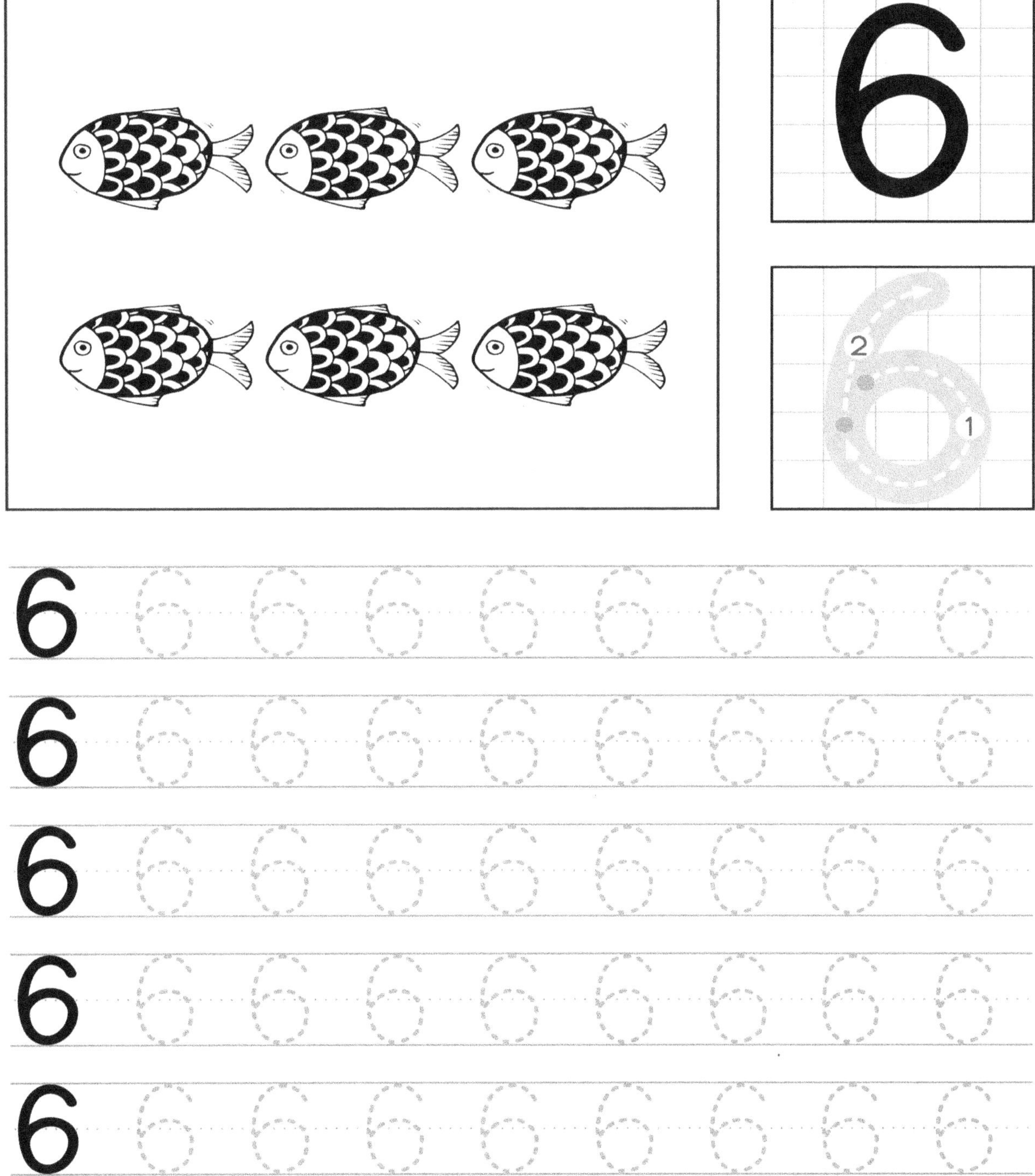

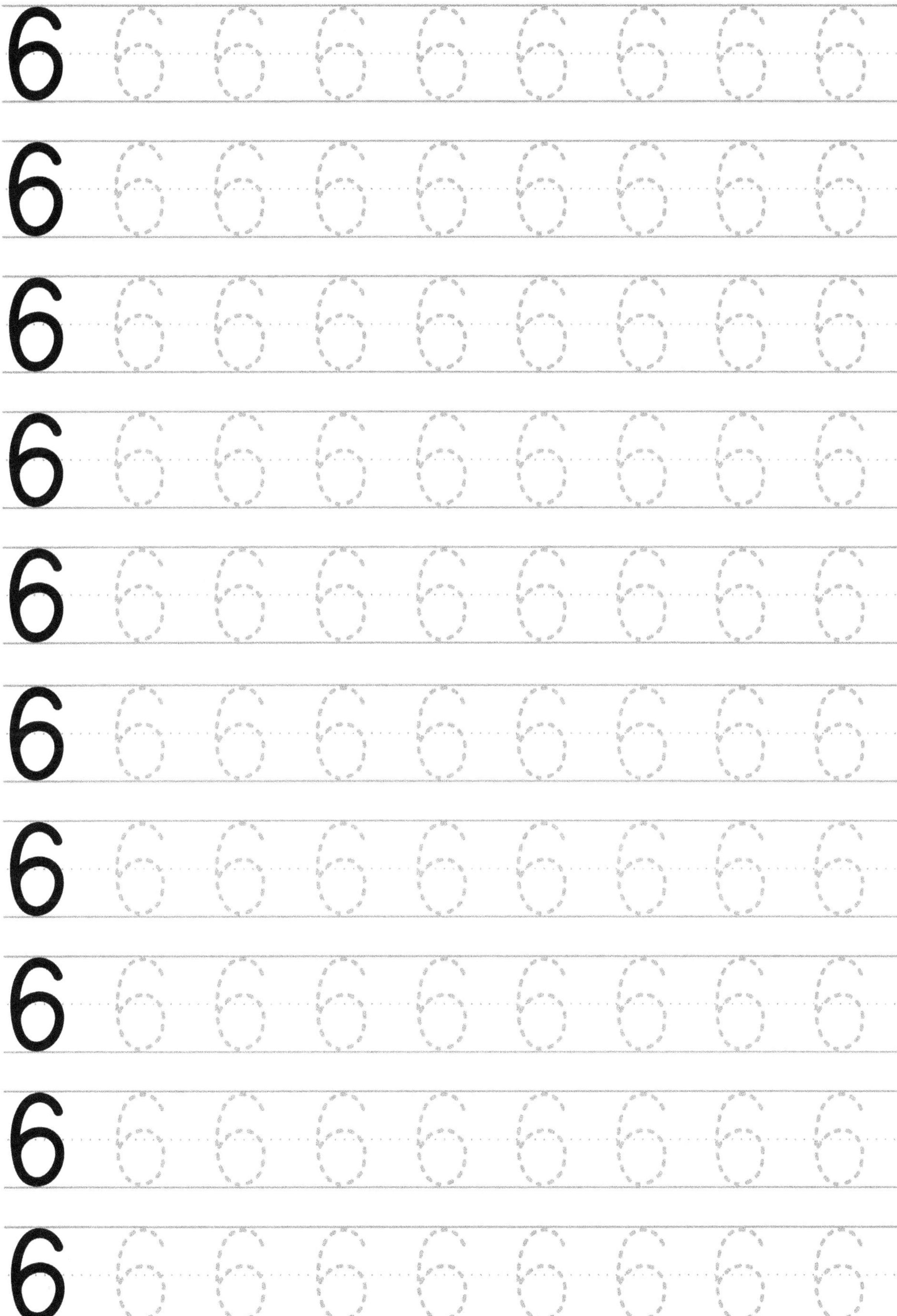

TRAZAR EL NUMERO

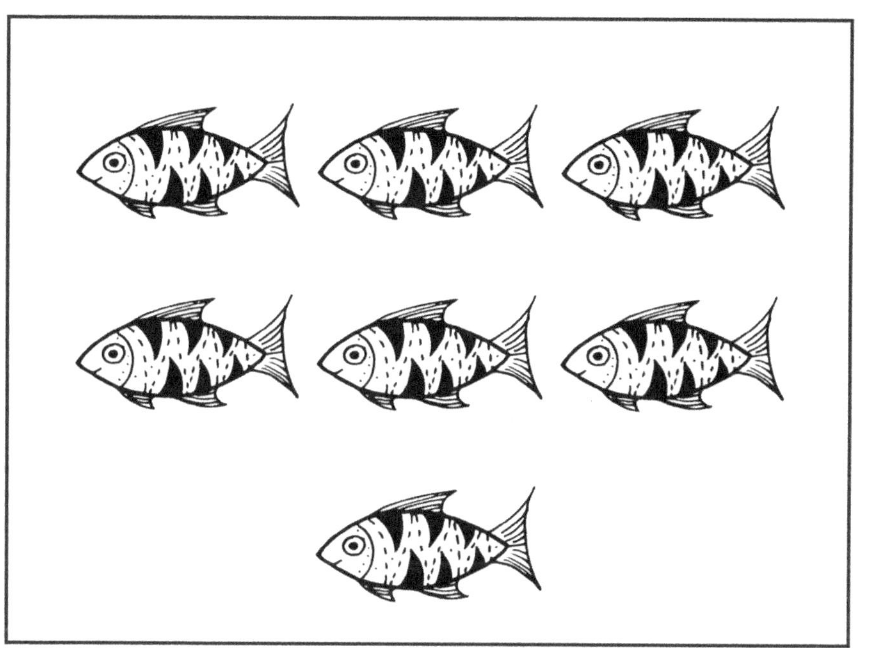

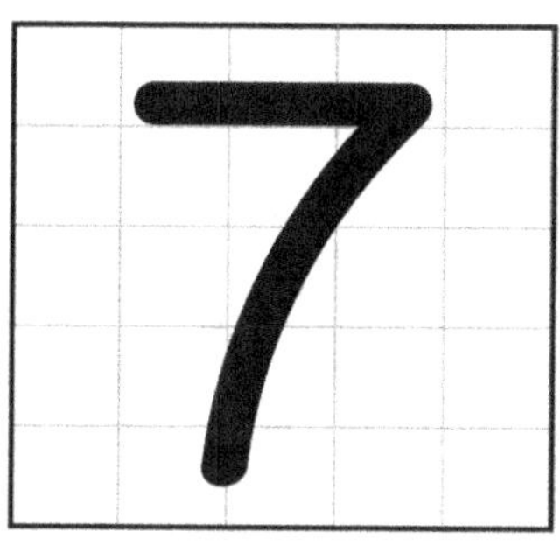

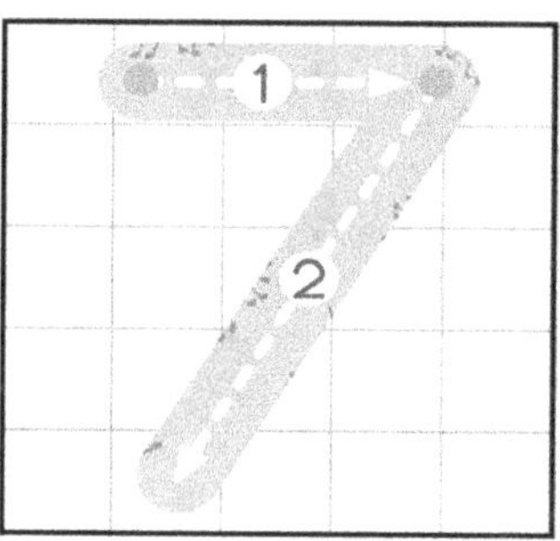

7

7

7

7

7

7
7
7
7
7
7
7
7
7
7

7

7

7

7

7

7

7

7

7

7

TRAZAR EL NUMERO

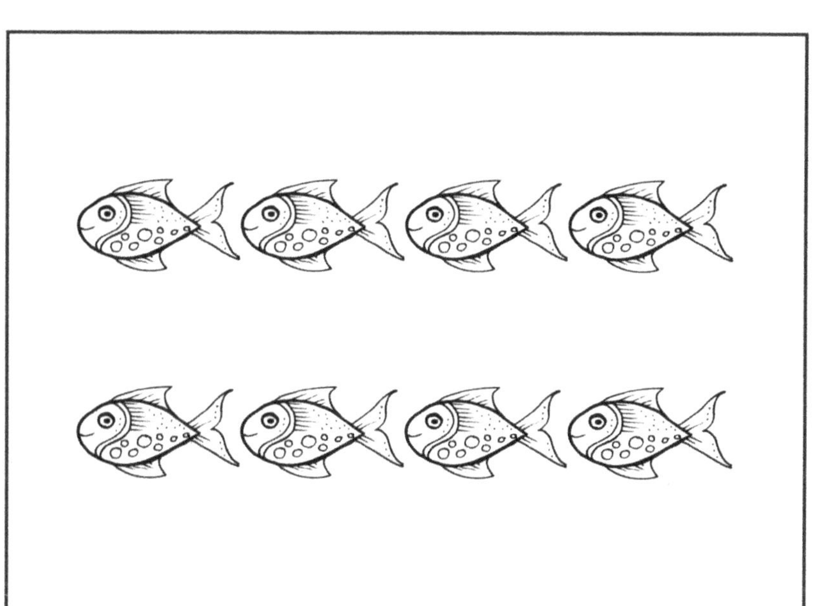

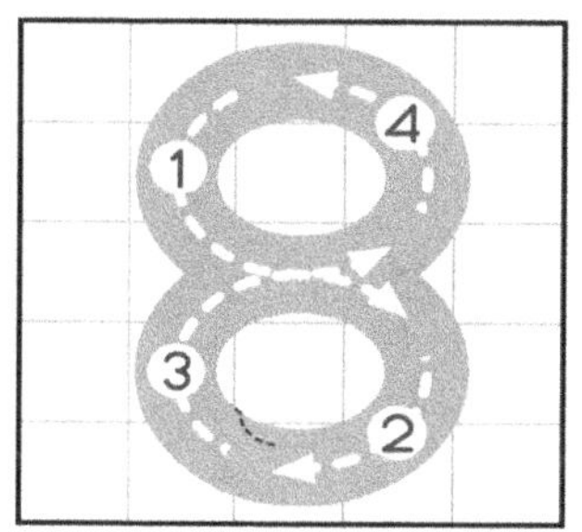

8
8
8
8
8
8
8
8
8
8

TRAZAR EL NUMERO

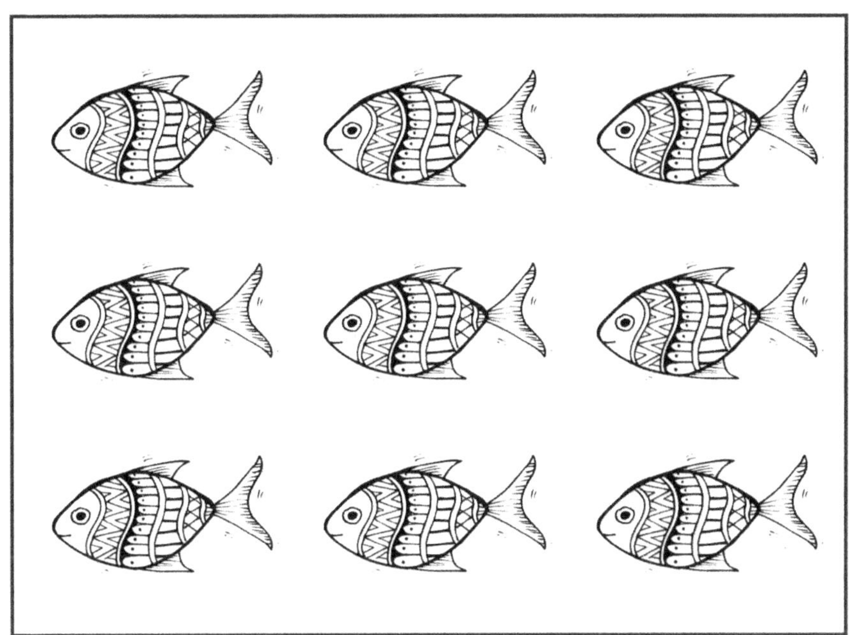

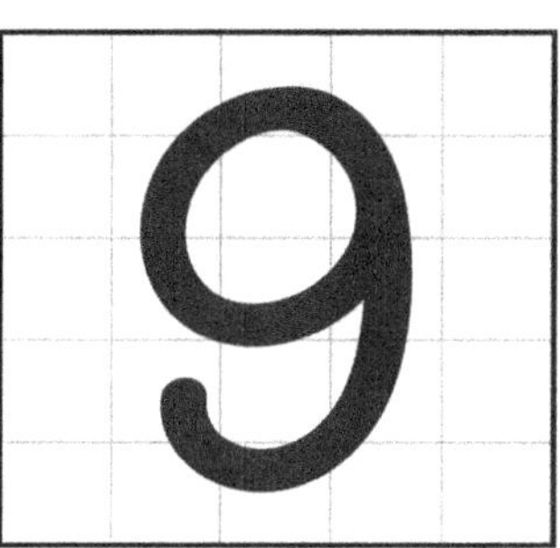

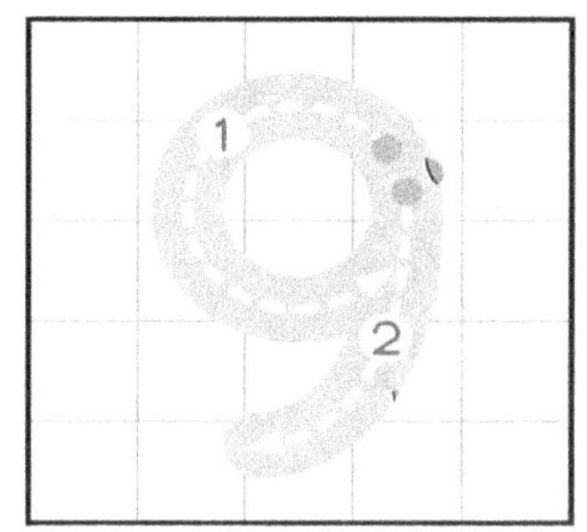

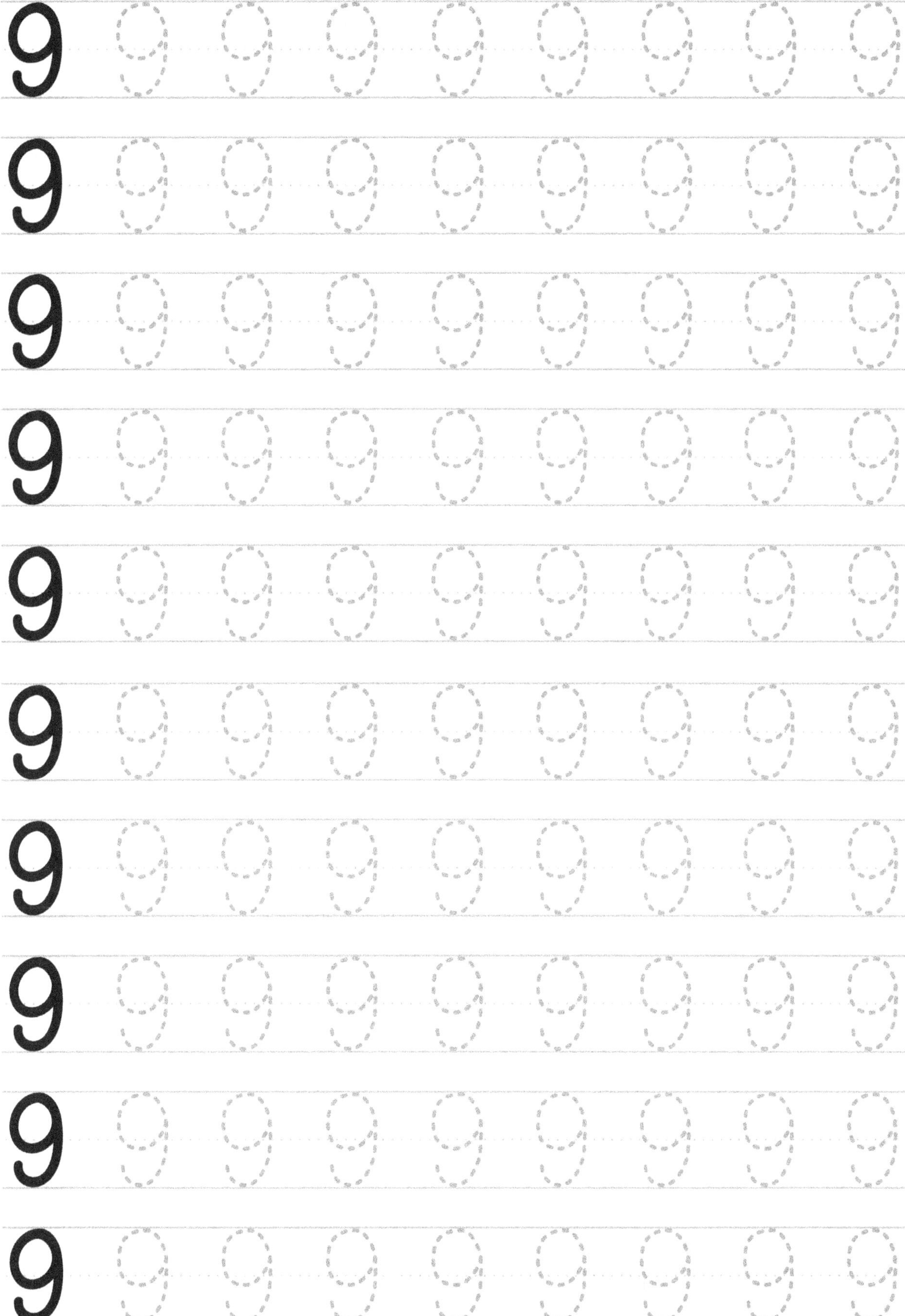

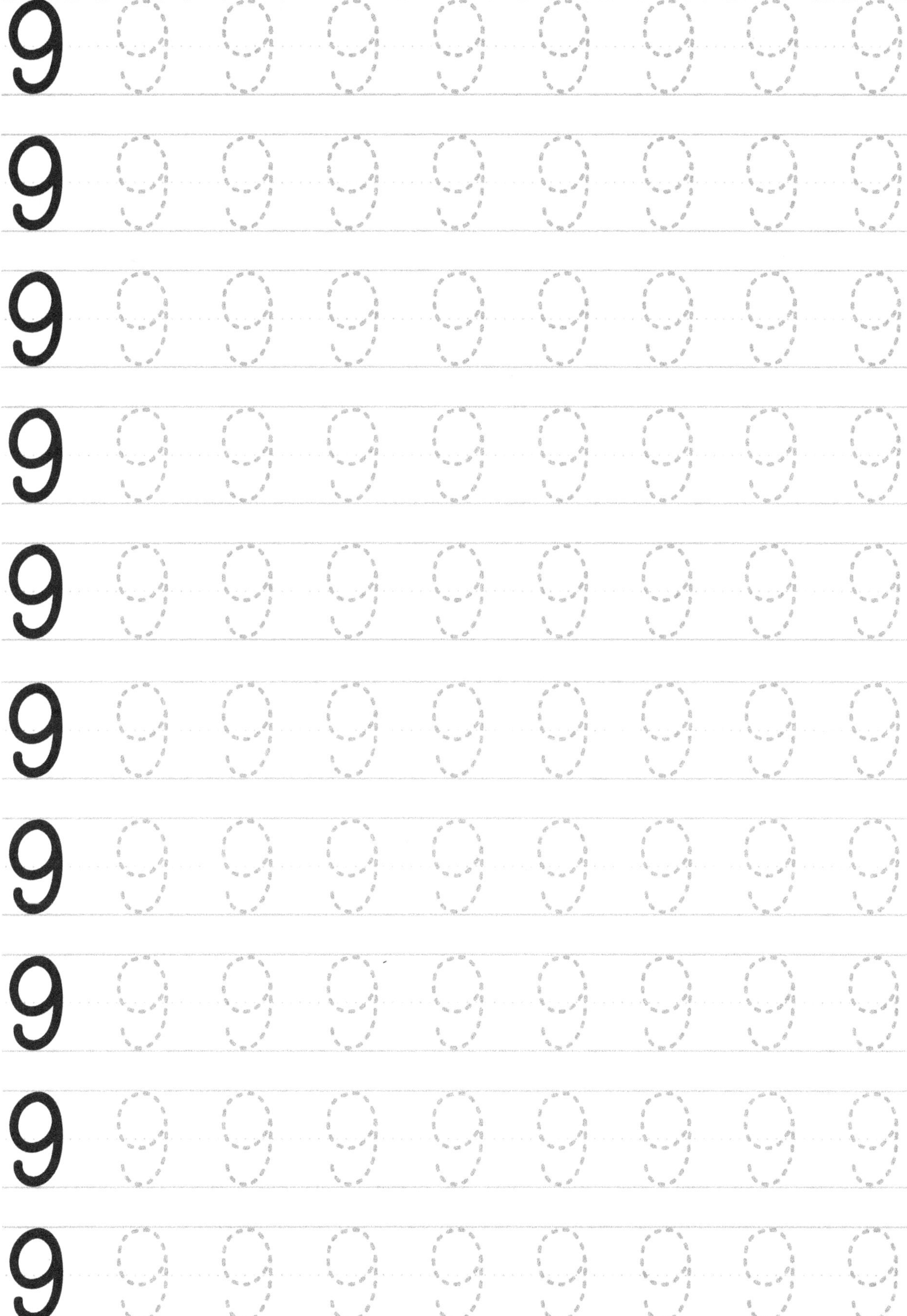

TRAZAR EL NUMERO

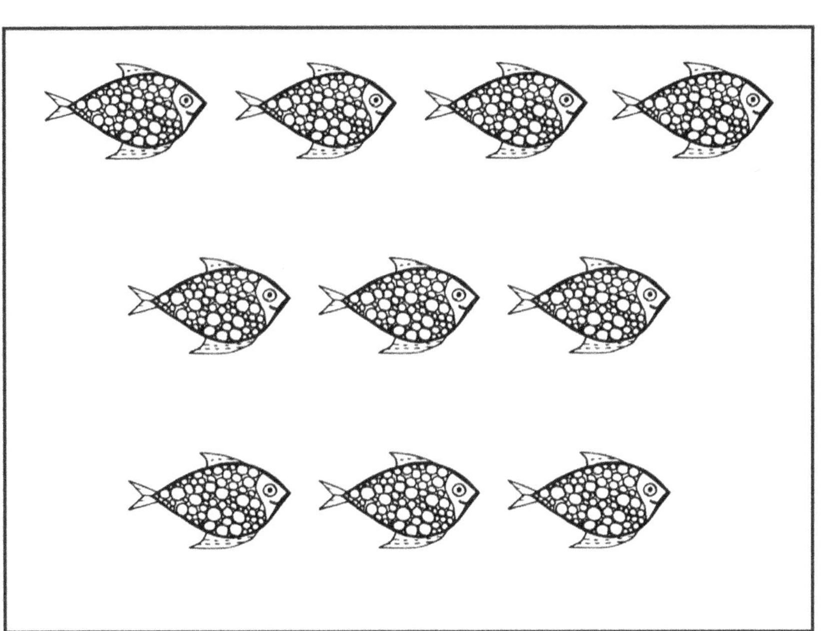

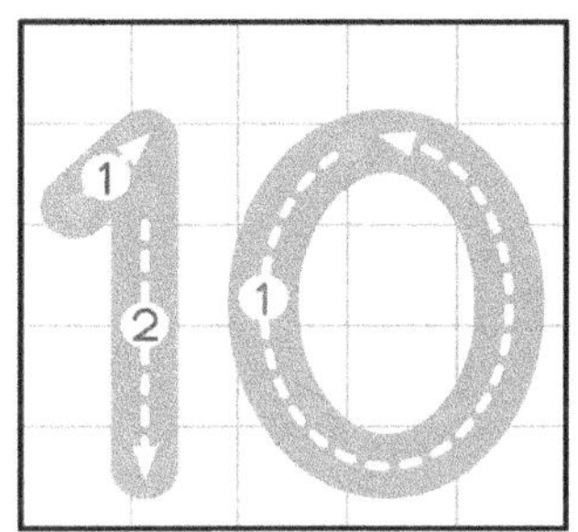

10 10 10 10 10 10 10

10 10 10 10 10 10 10

10 10 10 10 10 10 10

10 10 10 10 10 10 10

10 10 10 10 10 10 10

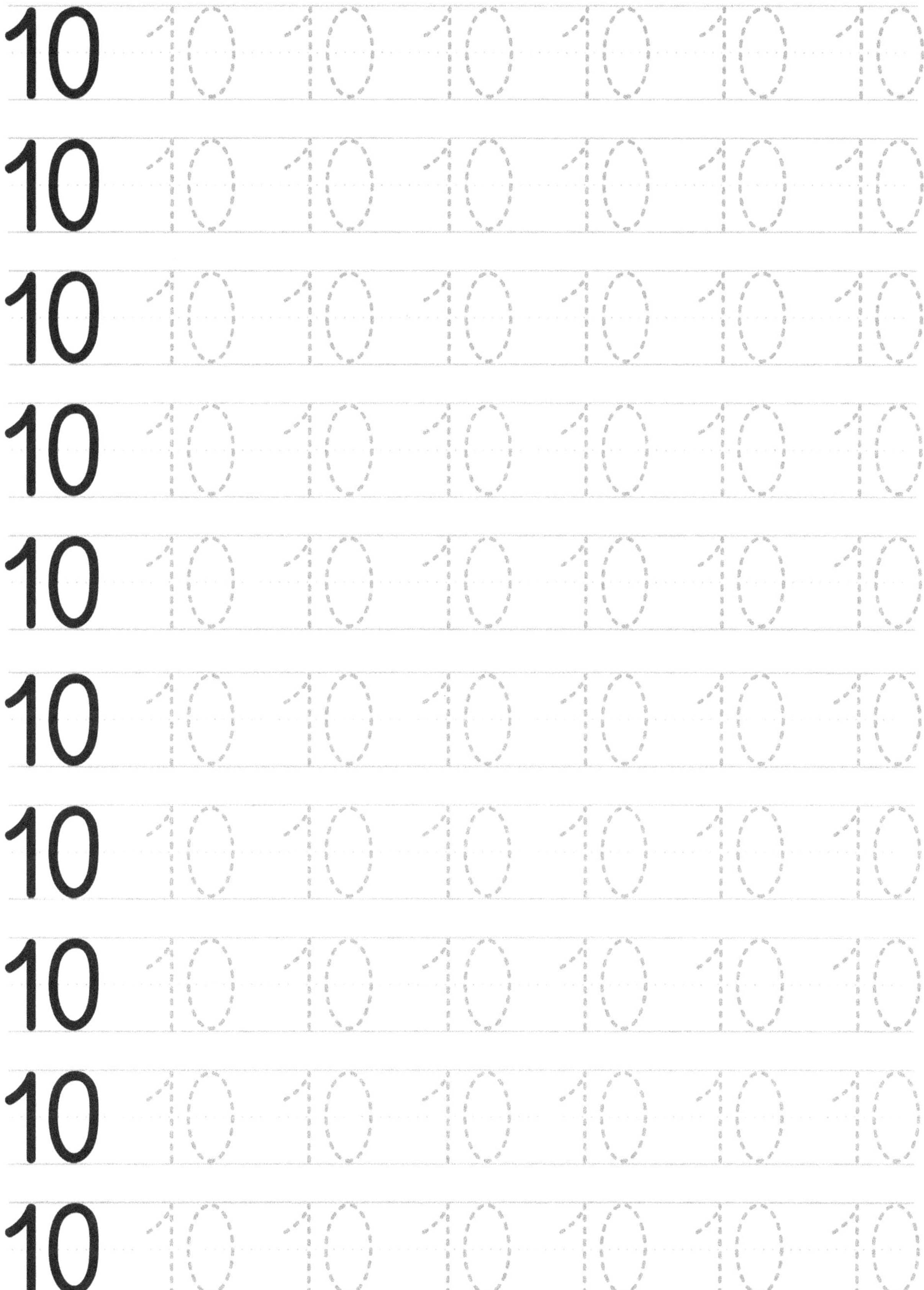

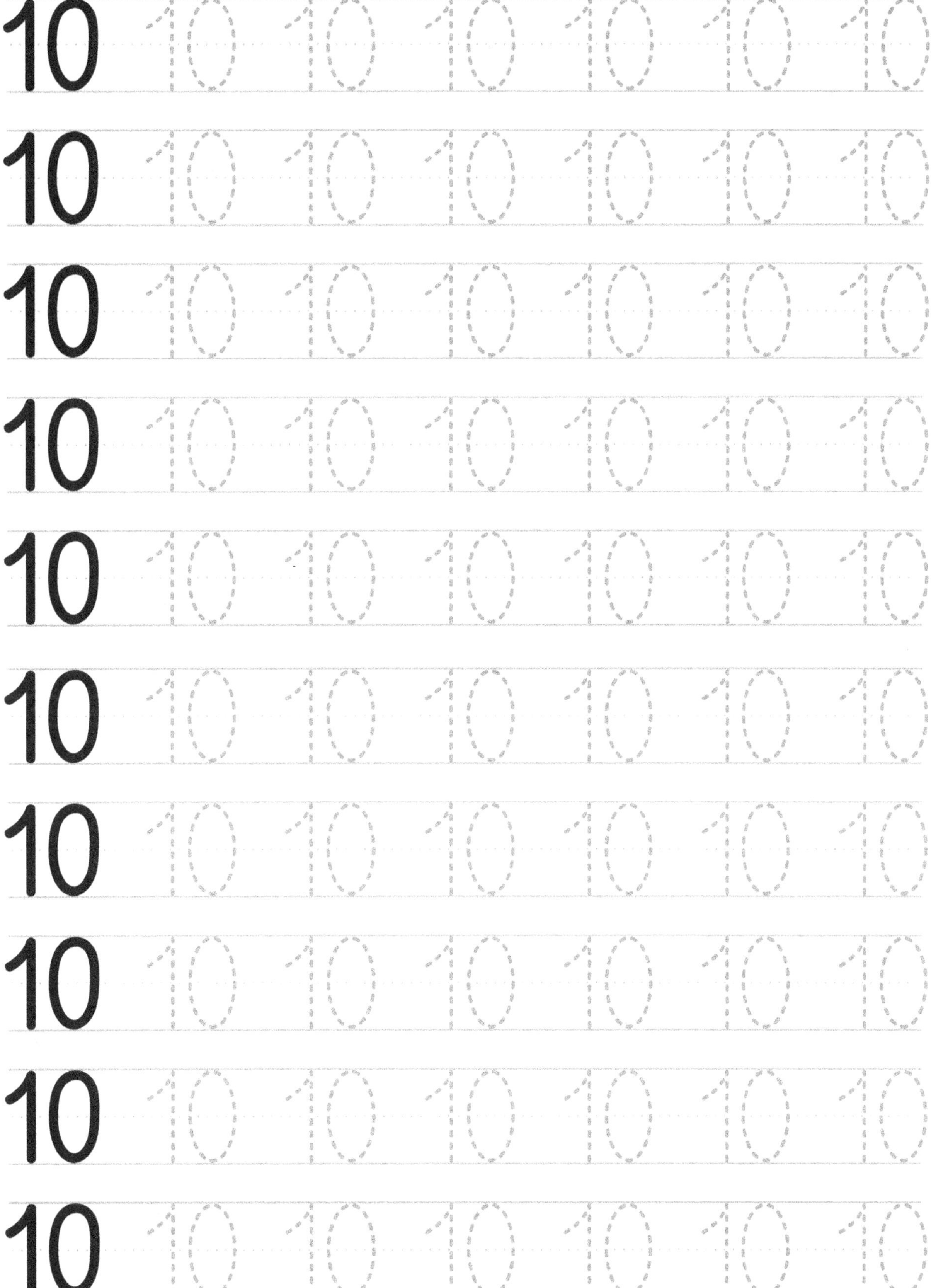